AF347271

LA CORDURA DE DONDE VENGO

ExLibric

ESTHER RUIZ FUENTES

LA CORDURA DE
DONDE VENGO

EXLIBRIC

ANTEQUERA 2022

ESTHER RUIZ FUENTES

LA CORDURA DE DONDE VENGO

Agradecimientos

Como siempre,
a quienes han hecho posible este libro
con su ayuda y su ánimo.

*El silencio puede ocupar su lugar
y la voz, su asiento.
Ahora vais a escuchar
todo lo que el silencio calló
y la voz no supo explicar.
Por favor,
apaguen los móviles,
¡la poesía va a comenzar!*

Prólogo

Verde que te quiero verde

«Verde que te quiero verde» podría llamarse el segundo poemario de la bióloga y poeta Esther Ruiz Fuentes.

Bullen los versos diáfanos y evocadores en los rincones de las aceras por donde nuestra querida Esther Ruiz pisa diariamente haciendo su trabajo en el pueblo granadino de Otura, como una oración a la Naturaleza, para después imbuirse en el retiro de su casa, llenar la vida de versos, de poemas, otorgarse en su poesía de esperanza, sembrando semillas cuando abrimos el alma y dejamos salir su bondad como serena lluvia de verdad; semillas que vuelen y caigan en suelo verde, que germinen y traigan un mundo mejor. Así dicen estos versos:

> */Hoy he decidido vestirme el corazón de limpio,*
> *voy a ponerle camisa blanca a la esperanza/…*

> *…/Hoy la vida sale a la calle vestida de verde,*
> *en el brazo un racimo que estalla en colores*
> *y otra vez alegra la vista*
> *obliga sonrisas,/…*

Este segundo poemario de Esther es una clara y ondulante oda a la naturaleza, que recrea el mundo de la poeta ante las vacilaciones de la vida y desea a todos lo mejor en una vida, con luces y sombras, queriendo prestarles su voz a las piedras, árboles, caminos y paisajes, y que a través de ella puedan hablar.

En su poema «Un pedazo de cielo» sueña con la libertad, unión y tolerancia, en un mundo que fuimos construyendo con amor y amistad y vemos cómo poco a poco se nos va a la deriva…

> /Allí donde fue la hoguera,
> la risa, las canciones, la charla,
> las estrellas fugaces,
> los juegos de perros y niños,
> el paseo al sol de los abuelos,
> allí donde el cielo demostró
> que no está tan lejos.
> Allí donde tantas veces
> tocamos el sueño
> de ser libres./

Esther nos ofrece su postura ante la destrucción que vivimos del espacio común…

> /«…mientras el odio engorda
> y nos envuelve en su manto de niebla.
> Perdiendo de vista lo que nos une…
>
> …volvamos a la casa donde cabemos todos,
> y si ya no está,
> pongamos la primera piedra./

La naturaleza de sol que abre el día y acuna los primeros brotes verdes que serena el corazón y nos recuerda que, aunque la sangre la tengamos roja, somos personas de sangre verde, como la encina. Que deberíamos saber descubrir la vida en la naturaleza y arroparla en vez de destruirla. Nos confiesa que la vida real la llama de la mano de la luz y de sus animales, al amanecer del día, reclamando su pan.

La poesía y el amor, se hacen patentes siempre, no faltan a su cita en el espacio interior que construye la poeta, así en su oda al amor afirma que éste es caprichoso e inesperado,

/Y te encuentras el amor
en los mares de la Luna
o en el infierno
en el quicio del olvido
o en el recuerdo
en lo dulce de la miel
o en el veneno
desde el borde de la piel
hasta los huesos/…

En este navegar por los sentimientos y en este cauce de versos y añoranzas, siempre se cuela la tristeza, el duelo por la muerte, plantas, animales y personas nacen y mueren y la poeta también canta en versos su homenaje particular a acontecimientos que forman parte de la existencia. Pero Esther aporta su propia visión de vida transformada en vida después de la muerte y, aunque ella espera, nadie vuelve para contar que hay detrás de cualquier muerte. En su poema «De un azul intenso», canta su amor por los animales en un poema, tras la muerte de su gato…

*/…lo enterramos junto a su compañera Dina
con los ojos todavía abiertos,
para poder devolverle
su azul al mar./*

O en estos otros versos que nos invitan a conocer mejor a nuestros compañeros de planeta:

*/…la vida existe
en millones de seres distintos
con formas y costumbres
que una vez conocidos
seríamos incapaces de destruir.
Descubrirlos es nuestra mayor
y mejor aventura,
lo más sorprendente que vas a encontrar
en la asombrosa experiencia
de existir./*

La poeta no se olvida de que somos ahora y llegaremos a desaparecer un día, aunque siempre tenemos la oportunidad de darle sentido a nuestra pequeñez y no pasar por la vida con las manos vacías, pues ella las llena con sus actos de amor hacia el verde de la naturaleza, hacia los animales y plantas, con sangre también del verde de esa encina y demás árboles que nos brindan su espectáculo de todos los colores en su floración y poder más tarde, saborear sus frutos.

Esther ama la vida y las costumbres y sabe cómo disfrutarlas, así retorna la poeta a su sosiego de caminante que se deleita con lo bueno o menos bueno, como un fuego en la chimenea,

> *.../Quiero ver la danza bruja de las llamas*
> *como si fuera un ballet/...*

> *.../Cuando el fuego se apague*
> *y el frío te devuelva al presente,*
> *posiblemente,*
> *alguna herida que tenías abierta*
> *se habrá cerrado./*

La poeta tampoco se olvida de que vivir en Granada es vivir también cuidando y sembrando sobre su pasado cultural arábigo y nos lleva a la Alhambra a través de sus leyendas de amor y en un instante nos recuerda a Bécquer,

> */Acabo de ver pasar*
> *a las golondrinas*
> *que aprendieron vuestros nombres.../*

> *.../Los enamorados de aquella noche*
> *se besaron en aquella esquina/...*

> *.../después ya no pisaron tierra*
> *pisaban nubes...*

…/y convertir su historia
en una de esas hermosas leyendas
que cuenta la Alhambra./

y ello bajo un manto de estrellas que nunca nos podrán quitar,

…/Porque cuando todo está oscuro
…/el pecho se abre en canal/…

es entonces cuando dejamos paso al pájaro que llevamos dentro y dejamos volar, volar, volar por el cielo en las noches sin luna.

Rinde homenaje a su amor, rinde homenaje a su madre como ejemplo de fortaleza y puntal de la vida y rinde homenaje a otras personas que tampoco se rinden, animándonos a seguir cuidando nuestro planeta verde y azul,

…/Vayan estos versos
a los que no se rinden,
a los dioses del abrazo y de la risa,
necesitamos sus bocanadas de aire fresco
para enfrentar los ladrones de la alegría./

Todo el poemario de Esther, La cordura de donde vengo, es un canto a la Naturaleza, a esta Tierra que habitamos, al Universo donde vagamos, sincronizados entre otros planetas y satélites que también nos acompañan formando parte de este verde que todos somos, de este azul que nos reclama. En sus versos y en su poema Imagina, Esther nos dice, al igual que Walt Whitman, que la poesía es un medio para salvar el mundo,

/Imagina que las palabras
crecen como plantas en tu jardín,/…

…/La imaginación es poderosa
puede hacer real lo imposible/…

…/o quizás
es que no imaginamos lo suficiente./

Y en ese camino que Esther transita, nota que las fuerzas menguan, ya no hay luciérnagas, le faltan pájaros, árboles, agua limpia y huele a nido vacío,

…/noto que cada vez quedan menos fuerza
menos brazos
para sostener la vida./

aunque todavía puede disfrutar la lluvia de pétalos de los almendros en flor, cayendo, imitando una nevada en el suelo. O bailan un vals de remolinos con el viento, o juegan al abordaje en su pelo (de su poema Pétalos, premiado por el jurado del I Certamen Internacional Gloria Fuertes y el mundo de los árboles 2021), revelándonos un trozo de su felicidad,

/El secreto de la felicidad de algunos hogares
es la combinación perfecta de niños y perros,
con su toque ideal de locura y revuelo,/…

Saborear el camino y en total conexión con todo el verde que la rodea, Esther pide:

…/Que el majestuoso árbol me bendiga,
acariciando el pelo con sus hojas,
bien sabe que para mí
no existe credo ni religión más poderosa
que su sombra./

Tu voz poética, Esther, tu ejemplo de vida, tu plenitud como persona, todo en ti, es «Verde que te quiero verde».

Carmen Salas del Río
Docente, escritora y poeta

POEMARIO

Abrazos

Los abrazos son cuevas
donde el alma enciende fuego
y ve caer la lluvia fuera.

AL VERDE

Vengo de una tierra asfixiada por el sol
que deja desiertos los suelos desnudos,
por eso me gusta el verde,
que me lleva en volandas a bosques frescos
de sombra y agua.
Con solo cerrar los ojos,
se llena la mente de hojas
y aparecen castillos de musgo
en los tocones viejos.
Hoy, la vida sale a la calle vestida de verde,
en el brazo un racimo que estalla en colores
y otra vez alegra la vista,
obliga sonrisas,
y…
no sé si a ti te pasa,
pero a mí me cura la rabia
y me alivia la pena.

Amapolas

Me encantan las amapolas
que nacen en el asfalto,
tan frágiles en apariencia,
con su tallo delgado
y su rojo atrevido.
Un soplo de brisa las despeina,
pero siguen de pie,
con sus raíces bien amarradas
a un arañazo de tierra.
Hay algo valiente en su osadía,
su coraje bien vale una mirada.
Me levanto el sombrero,
le dedico una reverencia
y agradezco conocer a personas
que son como ellas,
que son como tú.

Anuncios por palabras

Se necesita:
—sabio de reconocido mérito
que me enseñe a no presumir de sabio.
—diccionario que contenga íntegro
el vocabulario del silencio.
—bosque perdido que me deba un favor
para poder cobrárselo en paz.
—una idea tan diminuta y clara
que casi pueda decirse con palabras.
—la llave de la puerta que nos separa
de lo que nos falta para estar enteros.
—una imaginación tan grande
que conciba el amor sin madres.
—profesor@ experimentad@
para clases de verdad,
con el fin de entenderme conmigo.
—grandes motivos para vivir
con fines matrimoniales.
—materias primas
para fabricar *desvacío*.
—alguien que me explique
cómo es posible llegar a pensar
que es mejor no intentar explicarse nada.

Se ofrece:
—un cuerpo prestado.
—un aprendiz de alma.
—un aspirante a persona.
—un mar de dudas.
con oposiciones a Océano Pacífico
—un intento de llenar el tiempo.
—alguien harto de ser nómada
en el país del conocimiento
y dispuesto a tomar asiento
encima de una interrogación.

Aparece cuando quiere

Y te encuentras el amor
en los mares de la luna
o en el infierno,
en el quicio del olvido
o en el recuerdo,
en lo dulce de la miel
o en el veneno,
desde el borde de la piel
hasta los huesos
y te lo puedes encontrar
pintado de blanco
o manchado de negro,
disfrazado de palabras
o envuelto en silencio,
en la punta de las ramas
o hundido en el cieno.
No lo busques,
¡aparece cuando quiere!
Nunca dice dónde
ni cómo, ni cuándo
y no sabes si te atravesará de parte a parte
como una espada
o simplemente
te cogerá de la mano.

Solo,
procura escoger
alguna de sus formas más amables,
porque el amor es como el agua,
lo mismo calma la sed
que hunde el barco.

APENAS UN MAL PASO

Hoy me acordé de ti
y de tu pobreza,
de cómo será vivir caminando
en una fina capa de hielo sobre el agua,
con la orilla lejos,
en cualquier momento
resbalas,
en cualquier momento
se quiebra,
en cualquier momento
te rompes,
apenas un mal paso nos separa,
si no hago nada por él,
tampoco lo harán por mí
si ocupo su lugar mañana.

Cuando vienen las musas

Si le doy la espalda a la tele,
escucho hablar al silencio
y dejo que la mente me sorprenda,
mi cabeza se convierte en tierra
con revuelo de semillas y nacimiento.
Si abro los cerrojos del alma,
salen volando las palabras como pájaros
y por la noche,
a la tenue luz de las farolas encendidas,
veo brotar la lluvia de los charcos.

DE LUJO

Enero se despide con un día de lujo para los sentidos,
cielo de seda celeste
vestido para la ocasión con sus mejores paños,
el sol templando el cuerpo con su caricia amable,
brisa fresca rozando la piel a su paso,
tierra empapada que acuna los primeros brotes verdes
como si los acabara de parir.

Días como hoy
me devuelven el tiempo que era mío
y no encontraba,
me despegan los pies del asfalto,
me desvisten el corazón de su prisa,
me procuran el latido perfecto
y me recuerdan que soy persona de sangre verde,
de sangre verde,
como la encina.

DE LUZ Y SOMBRAS

¡Cuántas películas hace la luz
con sus actores de sombras en el techo!
Me aficioné a ese arte de pequeña,
cuando se imponía dormir
los mediodías de agosto
y las ansias de vivir no me dejaban.
El aburrimiento me llevó a ver el cine
tendida en la cama de mi habitación,
mirando el reflejo de la gente que pasaba
en mi enorme pantalla.
Hoy, muchos años después,
en un día de fiesta
que me dejó dormir más allá del alba,
despierta,
pero aún disfrutando de esos minutos de letargo
que el descanso alarga,
veo otra vez
una película de sombras,
los perros andan inquietos afuera,
pero se ha colado un gato en mis sábanas
que me espabila a base de mordiscos.
¡Os dejo, actores de techos!
¡La vida real me llama!

DE UN AZUL INTENSO

Sus ojos eran grandes,
de un azul intenso,
como si los hubiera pedido
prestados al mar.
Tenía catorce años
y a su muerte,
me apliqué la misma untura
que otras veces:
«le he dado buena vida y buena muerte»,
pero mi gato Dino...
tenía los ojos de un azul intenso
y todavía más grandes por su delgadez.
Lo enterramos junto a su compañera Dina
con los ojos todavía abiertos,
para poder devolverle
su azul al mar.

DEBERÍAMOS SABER

Deberíamos saber,
que la margarita es un ser vivo increíble
que concentra decenas de flores
en lo que parece una
para beneficiarlas a todas
y que, una vez fecundadas,
procuran a cada semilla un paracaídas
para alejarlas entre sí
y evitar competencia.
Deberíamos saber,
que hay ingenieros de pocos centímetros
que sin estudios ni planos
construyen sus casas,
cilindros perfectos,
bajo el agua de los ríos.
Tenemos que entender
que la vida existe
en millones de seres distintos,
con formas y costumbres
que, una vez conocidos,
seríamos incapaces de destruir.
Descubrirlos es nuestra mayor
y mejor aventura,
lo más sorprendente que vas a encontrar
en la asombrosa experiencia de existir.

Delante de la chimenea

Delante de la chimenea
yo quiero tener los pies en alto,
tiempo libre por delante
y alguno de mis peludos
enroscado en el regazo.
Quiero ver la danza bruja de las llamas
como si fuera un *ballet*
y estuviera frente al escenario
de un teatro,
ellas saben cómo raptar las almas
y llevarlas a algún rincón escondido
en algún lugar del espacio,
allí, lejos de todo lo vivido,
las pintan de blanco.
Cuando el fuego se apague
y el frío te devuelva al presente,
posiblemente,
alguna herida que tenías abierta
se habrá cerrado.

El Baile del Agua

La luna quieta de agosto
se refleja en el agua
que con su movimiento
la baja
la gira
la sube
y baila.
A su lado una estrella
se acerca
la besa
se aleja
y salta.

Se parecen a mí,
y a esa gente
que siente mucho por dentro
y por fuera no dicen nada.

Donde se quiebran los caminos

Lo nuestro era un diario,
el trabajo me llevaba con frecuencia a vuestra casa
y llegasteis a ser parte de mi rutina consentida.
Esperar vuestra voz,
la puerta abierta,
la perra que se escapa,
la regañina blanda de dueño enamorado.
Después…
los días sin respuesta,
la duda triste,
la pregunta miedosa,
la dura certeza.
Saber que no os volveré a ver,
me quitó un trozo de día
que no llenaría
nadie más, nunca más.
Ya no cogeré en brazos a Julieta
para evitarle las ruedas asesinas,
ni me invitaréis a entrar
para ver los adornos de Navidad.

Pasar por vuestra calle
es asomarse a un brusco acantilado vertical
donde se quiebran los caminos,
y os añoro,
y os echo de menos,
y no hay olvido grande
que pueda con recuerdos
tan pequeños.

EL RACIMO

A mujeles

Traigo a cada una de vosotras
un racimo de palabras frescas,
recién cortadas,
para llenar los jarrones
que alegran vuestras casas,
como hacéis vosotras con mi vida
desde que os conozco.

EL RINCÓN DE LLORAR

Pensé en darte una vuelta en el helicóptero del SAMUR,
pensé en comprarte una botella del mejor vino,
pensé en llevarte la perra escondida en la mochila,
pensé en correr con tu cama por los pasillos del hospital.
Pero ésta no era una película con final feliz,
ni nosotras actrices.
No hubo helicóptero,
ni vino,
ni cama en los pasillos,
y a la perra la grabamos en vídeo,
y eso fue lo que viste.
Quien sabía lo que de verdad necesitabas
estuvo a la altura y te lo dio.
Pero… en el rincón de llorar
los coches no dejaban de pasar tras las ventanas,
la lluvia que hacía tiempo se esperaba apareció,
se llenaron de nubes negras tus entrañas
y el aire
que entraba y salía de tu cuerpo
se paró.

EL SECRETO DE LA FELICIDAD

El secreto de la felicidad de algunos hogares
es la combinación perfecta de niños y perros,
con su toque ideal de locura y revuelo,
con su punto redondo de imaginación y osadía.
Bandera pirata al viento,
cascada con remanso y roca,
alfombra voladora,
tren de sillas,
volante de tapadera de cacerola.

Pobre del adulto que olvida
que alguna vez fue experto
en el arte de encontrar
un caballo en la escoba.

En busca de culpables

Vamos a echarle la culpa al perro,
al murciélago,
a la serpiente,
al ratón,
a ese pueblo italiano
lleno de contagiados
donde nadie enfermó.
Vamos a echarle la culpa al chino de abajo,
a mi suegro por viejo,
a mi vecino por joven,
a esa luz que entra por mi ventana
y no calienta lo que debiera,
vamos a echarle la culpa al sol.

Moraleja:
Hay que usar muy mal la razón,
para curar con limón
ciertas heridas.

En el camino

En el camino
las almas de hayas y robles,
de musgo, líquenes y helechos,
salen a saludar al peregrino,
ofreciéndole en forma de perlas de agua
sus gotas de rocío.

Que el majestuoso árbol me bendiga,
acariciando el pelo con sus hojas,
bien sabe que para mí,
no existe credo ni religión más poderosa
que su sombra.

ENERGÍA

A Mari

Me gusta pensar que somos energía
y que, según Einstein,
aquel científico tan listo con pinta de loco,
la muerte no nos puede destruir,
solo nos transforma.
Me gusta pensar que sigues ahí
y que mis moléculas, tarde o temprano,
podrán encontrarte
con esa foto tuya
que he grabado en su pequeña memoria.
El día que suceda,
habrá un gigante abrazo cósmico
y nacerán rosas en planetas sin agua.

ESTOY ESPERANDO

Estoy esperando
que me vengas a contar,
como siempre que nos vemos,
si estás bien o mal
y que el misterio de la vida
después de la muerte
ya lo tienes resuelto,
que me digas
si de verdad,
allí donde estás,
hay un señor con las llaves de las puertas
que abren y cierran el cielo,
si te cuidan y te quieren
tanto o más que aquí.
Mientras te decides a hablar,
no te preocupes,
no tengo prisa,
espero.

ESTRELLAS

Nadie me puede quitar la cabeza de Escorpio,
ni la carpa de Sagitario,
la «w» de Casiopea
o el cinturón de Orión.
Me pueden quitar el tiempo,
el pensamiento,
le esperanza,
la paz,
la razón,
pero las estrellas no.
Porque cuando todo está oscuro,
se pueden ver
los espectáculos de luces
que decoran la noche,
sus monumentos de sombra,
sus leyes más secretas.
El pecho se abre en canal,
para dejar paso al pájaro
que encerramos dentro
y que solo dejamos volar
las noches sin luna
que dedicamos tiempo
a mirar el cielo.

Fuegos artificiales

Acabo de ver pasar
a las golondrinas
que aprendieron vuestros nombres.
Os señalaban y decían:
¡Mira, son Carmen y Daniel!,
los enamorados que aquella noche
se besaron en aquella esquina
y subió tanto la tensión
que de las farolas
saltaban chispas,
y tuvieron su propio
espectáculo de pirotecnia.

Y después,
después ya no pisaban tierra,
pisaban nubes,
y en ellas andaban
para llegar hasta aquí,
y convertir su historia
en una de esas hermosas leyendas
que cuenta la Alhambra.

HOMENAJE

Se oyen voces que anuncian tormentas,
la tele vomita penas cada día,
el miedo hunde a la gente en sus sillones
mientras unos cuantos
violan y maltratan la vida.
Nadie habla de los valientes
que buscan soluciones al desastre.
Sabemos que existen
porque todos conocemos alguno:
un parado con hijos,
un trabajador que hace huelga,
un empresario justo,
un político honrado,
un emigrante…

Vayan estos versos de homenaje
a los que no se rinden,
a los dioses del abrazo y de la risa.
Necesitamos sus bocanadas de aire fresco
para enfrentar los ladrones de alegría.

IMAGINA

Imagina que a las cascadas les crecen alas
y pueden ir a posarse en cualquier parte.
Imagina que cada gota de lluvia
tiene su palacio de cristal
en las burbujas que brotan de los charcos.
Imagina que encuentras una puerta nueva
y al abrirla aparecen todos los árboles cortados
dispuestos a poblar nuestros desiertos.
Imagina que las nubes aprenden a montar
sobre caballos de viento
y te llevan en su grupa al lugar
donde desaparecen los miedos.
Imagina que hoy es el día de jugar
con los vecinos en la calle,
que es la fiesta de los dueños de su tiempo.
Imagina que las palabras
crecen como plantas en tu jardín,
que las puedes podar y cortar
para que cada vez que hables
pongas flores en el pelo.
La imaginación es poderosa,
puede hacer real lo imposible.
¿Que no?
Seguramente,
o quizás
es que no imaginamos lo suficiente.

La importancia de los raros

Gaudí,
la atracción de lo distinto,
la genialidad del diferente,
la suerte del atrevido.
Ahora,
que se le dan
muchos cuidados al cuerpo
y menos a la mente,
que se valora tanto
el triunfo rápido y millonario,
su obra me viene a recordar
la importancia de los raros,
de los que compran camisetas
de gatos con tres ojos,
porque es así como se sienten,
de los que son capaces de ver
en la oscuridad de lo ordinario.

La orquídea bailarina

Cuando volvamos a vernos,
no hablemos del tiempo perdido,
hablemos del tiempo encontrado,
ese que siempre nos escuchó,
pero nunca nos hizo caso.
Limpiaremos las huellas
que la lluvia y el barro
prestaron a nuestros pies
y prometeremos no hablar de nada
que nos haga daño,
ni siquiera de amor.
Cuando volvamos a vernos,
hablemos de la forma de las nubes,
de la mariposa gitana,
las semillas voladoras,
la orquídea bailarina,
hablemos de barcos.

La roca de lana

Fue uno de esos frenazos inesperados
el que le rompió la ceja,
una bicicleta cargada con la compra
es difícil de manejar.
El incidente duró poco tiempo,
enseguida la gente ayudó,
bici y compra recogidas
y ella tendida
en el suelo de un sitio cualquiera,
esperando la ambulancia
que alguien avisó.
En esos pocos minutos,
lejos los abrazos de su gente y su país,
y aunque ella no quería,
noté su dolor abrir de par en par las ventanas,
para que no la ahogara la pena,
y aunque ella no quería,
lloraba,
intentando ser roca por fuera,
por dentro,
yo la vi,
era de lana.

Cuando volvimos a vernos,
todavía hinchada la ceja partida,
de pura vergüenza
ni me hablaba.

LA VEREDA

No sé
que sinuosa vereda del duermevela
me llevó de nuevo al preciso momento
en que besé por última vez tu frente fría.
Después
tuve que aprender
a recuperar de la memoria
el tiempo que me regalaste en vida.
Sigues volviendo
cada vez que el recuerdo,
tranquilamente y sin prisas,
te guía hasta mi presente
por esas mismas veredas de sombra fresca,
hierba y arrullo de agua.
Allí,
yo vuelvo a besar tu frente
y a templar el alma al calor del cariño renovado,
sano, fuerte, sonrosado,
como el primer día.

LOS DE SIEMPRE

Y los de siempre
pusieron el corazón en la mesa
cuando supieron que al mundo
le hacía falta para latir.
La vida paró de correr
y se sentó en un banco con la muerte
para hablar de sus cosas.
Mientras ellas discutían,
los balcones se convertían en puentes,
los teléfonos repartían cartas de amor
y los aplausos aprendían todos los idiomas.
Lo importante cambió de lugar,
cambiaron de dueños los espacios
y el tiempo vino a decirnos
quién decide
cómo y cuándo se acaba
el que nos tiene prestado.
Y los de siempre,
como siempre,
después de que todo pase,
serán quizá los únicos
que aprendan algo.

LO QUE ME TOQUE

No he venido a decirte que te amo,
aunque lo crea,
he venido a decirte que el amor
no se escribe,
se construye.
Dame tiempo,
no me tomes afecto muy deprisa,
no me importa que no me entiendas,
a veces,
ni yo misma me comprendo.
Sólo...
quiero vivir contigo lo que me toque vivir contigo,
hoy,
ahora,
sin pensar en después,
todo en el futuro está indeciso.

No espero más que lo que quieras darme,
ni espero darte más que lo que soy capaz
en cada momento.
No pido ni quiero explicaciones de lo que pasa.
Sólo...
quiero vivir contigo lo que me toque vivir contigo,
sin pensar en lo que pueda venir mañana.

¿Te das cuenta?
No estoy diciendo nada
y te lo estoy diciendo todo.

LUCIÉRNAGAS

En los campos que andaba de pequeña
ya no hay luciérnagas.
Algunas noches
parecía que un trozo de firmamento
había resbalado
para ir a caer en la acequia,
era como una de esas fotos
que se quedan grabadas para siempre
en el fondo del ojo.
Echo de menos a esa increíble criatura
con su disfraz de estrella.
Cuando vuelvo al mismo lugar
y paso lista,
me faltan pájaros,
y árboles,
y agua limpia.
Huele a nido vacío,
noto que cada vez quedan menos fuerzas,
menos brazos
para sostener la vida.

Mediterráneo

Quien no ha visto la línea recta de su horizonte
no conoce la perfección.
Quien no ha visto salir y meterse el sol tras ella
no conoce todos los colores posibles,
ni sabe que por la noche
la luna dibuja un camino blanco
en su piel arrugada.
Por allí se marcha cansado el hoy
y viene recién nacido el mañana.
Entre tus costas,
sin permisos ni licencias
se ha construido un cementerio de esperanzas,
pero no te sientas culpable, Mediterráneo,
tú solo eres agua
que besa con la misma ternura las dos orillas,
que no entiende a las personas
y sus dilemas.

Si te digo la verdad, Mediterráneo,
a veces no hay nadie
que nos entienda.

MI BRUJA

Mi madre debe ser bruja,
porque es una de esas madres
que en una gota fría
consigue que no te llueva,
que cumple tus deseos sin conocerlos
y los pone a tus pies sin que te enteres.
Mi madre es bruja,
porque consigue salvarme la vida
en accidentes mortales,
o en plena crisis
me regala un trabajo el día de su cumpleaños,
porque me endereza la vida a martillazos,
porque me da las cosas que necesito sin preguntar;
si preguntara,
puede que le diga las cosas que quiero
y ella sabe que a veces,
no son las que me hacen falta.
Por eso, y por mucho más,
creo que mi madre es bruja
o tiene un trato con la suerte.
El caso es que su amor
es del ciento veinte por cien,
que no sé si mueve montañas,
pero si lo ordena mi madre,
¡puede hacerlas ir y volver!

MORRIÑA

Desde que os conocí,
hay un camino que lleva
de lo bueno de cada una
al mejor de mis adentros.

Dejad, pues,
que note vuestra ausencia,
que me falten vuestras risas,
que me arrecien los recuerdos.

NI EL BIEN NI EL MAL

Ni el bien,
ni el mal,
llegan a nada sin apoyo.
Elige con cuidado
a quien vas a prestar tu fuerza.
Si queremos romper las sombras,
hay que traer a esta noche
la luna llena.

Orgullo 2017

Fue fácil coger el metro para estar abajo
y fácil coger el camión para estar arriba,
unirse a la fiesta no cuesta trabajo,
aunque una tenue voz listilla,
dentro de ti,
se atreva a preguntar
si un solo dedo apretando
no podría romper algo tan frágil.
Pero aquella mujer de sesenta años
tenía heridas de siglos
en la cara,
ternura de siglos
en los ojos
y tapaba su sonrisa de madre primeriza
con las dos manos,
para lanzar los besos
que nos empapaban
y antes de volver a besar,
gritaba sin voz,
una y otra vez,
gracias,
gracias,
gracias,
y llevaba el sol
al fondo de las cuevas.

PÉTALOS

Febrero,
almendros en flor
y lluvia de pétalos que atraviesas sin mojarte,
algunos imitan una nevada en el suelo,
o bailan un vals con los remolinos,
pero yo prefiero
los que juegan al abordaje,
quedándose un ratito en mi pelo.
Febrero,
y entre borrasca y borrasca,
un día de sol sin maquillaje,
sencillo,
perfecto,
impecable,
y se me ocurre de repente,
en un arranque de utopía,
que hoy no debería
morirse nadie.

PLOMO EN LAS ESPALDAS

El dolor promete ser largo
cuando el llanto no lo seca
y queda ese olor en el aire
a pena mojada.
Ese grito de lágrimas
que no dejas salir
va cargando de plomo las espaldas
y cada paso cuesta
como si dieras mil.

Pobre Cerdeña

Llegan las vacaciones,
¿qué hago con esta libertad desconocida?,
con ese tiempo que cada once meses
se convierte en mío.
Sales fuera, conoces gente
montes, ríos, playas…
quizá merezca la pena ese pequeño salto al vacío.
Pero apareciste,
en un precioso camino
bordeado de alcornoques,
con tu compañero de juegos y miedos;
no os atrevíais a acercaros,
después entendí por qué.
Eras uno de esos perrillos aventureros
que crecen sin cariño
en lugares que solo habitamos a ratos.
Aquel día
cruzaste a la zona prohibida por cancelas abiertas.
Se oyó un disparo;
cuando llegué apenas te quedaba vida,
y lo agradecí.

El hombre del disparo no apareció,
pero envuelto en su toalla
te devolvimos a la puerta del hogar vacío que cuidabas
y viajamos de vuelta.
En un acto de justicia insuficiente
dejamos la toalla hecha un harapo
en su bidé,
tendrá que lavar tu sangre o tirarla.

PREJUICIOS

Piensas que vengo
a robarte el sueño,
a quitarte a tus hijos,
a matar a tus perros,
a violar a tus mujeres,
a comerme tu pan.
Crees que soy la mala hierba,
la que arrancas y crece,
la que quemas y nace,
la que entierras en sal,
la que pisas y secas,
y la que siempre,
siempre,
vuelve a brotar.
Porque yo soy
el otro,
el que no piensa igual.

Saborear

Hoy he decidido vestirme el corazón de limpio,
voy a ponerle camisa blanca a la esperanza
y voy a presentarme en la fiesta del amanecer contigo.
Allí vamos a llenarnos la boca
con un buen trago de vida
y a notar sus distintos matices
como un experto catador de vinos,
porque después de usarla unos años,
perdemos la costumbre de saborearla
como el milagro que es,
como el regalo que es
y a veces acabamos escupiéndola,
dejando seco el paladar,
como si nunca hubiéramos vivido.
Cuando se acaben los días que me tocan,
quisiera poder devolver lo recibido mas intereses,
dejar en herencia lo aprendido,
mejorar en algo lo errado,
deshacerme en millones de átomos de colores
y devolverlos al universo,
para que construya con ellos
tiempos mejores.

SECADERO

Al secadero casi derruido
le quedaban en el techo algunas tablas
y planchas retorcidas
de su vieja cubierta de latón.
Escondido entre árboles,
hiedras y otras plantas,
casi pasaba desapercibido,
lo sujeté con alfileres
a una ráfaga de mis ojos,
lo miré solo un momento
y...
se me quedó.
Dentro,
suelo y paredes apenas se veían,
allí parecía vivir
todo el verde desahuciado,
todos los pájaros que faltan,
todas las luciérnagas perdidas.

SI TE DIGO LA VERDAD

Si te digo la verdad,
de todos los caminos andados contigo,
recuerdo especialmente
el de los castaños milenarios,
según dicen, de la época romana.
Enseguida imaginas
cuántas historias podrían contar si hablaran,
cuánta gente habrán visto pasar,
cuántos paisajes habrán conocido,
¿Que no?
¡Que sí!
Para que ellos puedan hacer esas cosas
solo tienes que prestarles tu boca,
tus ojos y tus oídos.

TE DESEO UN FRÍO QUE NO DURE

Te deseo un frío que no dure,
un hambre que se sacie,
un dolor que se cure,
una angustia que se pierda en los abrazos,
una vida llena de problemas con solución
y ganas de aprender a solucionarlos.
Te deseo cicatrices que puedan sanar
y que las lecciones del tiempo
te enseñen algo,
que desees amanecer con inquietud
y que al final del día tengas respuestas
para que tu sueño sea tranquilo y profundo.
Te deseo, como ves,
toda la felicidad del mundo.

Un pedazo de cielo

Allí donde plantamos tantos árboles,
cómo no vamos a tener raíces.
Allí donde enterramos nuestros compañeros peludos,
cómo no van a llegar a los oídos
la llamada de sus huesos.
Allí donde recuperamos el ser primitivo,
el recolector sin horarios,
el de la vida sencilla,
con tiempo suficiente
para dejar que la mente
invente la forma de hacernos felices.
Allí donde fue la hoguera,
la risa, las canciones, la charla,
las estrellas fugaces,
los juegos de perros y niños,
el paseo al sol de los abuelos.
Allí donde el cielo demostró
que no está tan lejos.
Allí donde tantas veces
tocamos el sueño de ser libres.

VAMOS A DAR LA VUELTA

Quién ha destruido el espacio común
donde nos encontrábamos,
quién lo cambió de sitio
para ponernos en lugares tan alejados.
Por qué las posturas se vuelven extremas,
por qué no dejamos ni un grano a la esperanza,
se muere de hambre,
mientras el odio engorda
y nos envuelve en su manto de niebla.

Perdiendo de vista lo que nos une,
alimentamos las distancias que nos separan.
A dónde vamos tan aislados,
si es verdad que la unión hace la fuerza.
No seremos capaces de sobrevivir
al deseo de que el otro muera.
Si queda un rescoldo de cordura
en esta locura,
vamos a dar la vuelta,
volvamos a la casa donde cabemos todos,
y si ya no está,
pongamos la primera piedra.

YO, LIBRO

No vengo a que me mires,
vengo a que me escuches,
a meterte los dedos en un enchufe,
a llenarte el estómago de mariposas,
a ponerte el bello en pie.
Si puede ser,
no solo quiero que me leas,
quiero que me estudies,
me subrayes
y anotes a un lado
lo que me quieres decir,
que solo se disfrutan de verdad
las cosas que acaban
y te dejan con ganas
de repetir.

Índice